# UN OBJET D'ART

## DEVANT LA NOBLE ET INSIGNE

## ACADÉMIE DE BLAGUEFORT

### EN

# TOURAINE

PROCÈS-VERBAL DE LA SÉANCE EXTRAORDI-
NAIRE DU 25 SEPTEMBRE 1887

Présidence de M. Jean des Entommeures.

La séance est ouverte à cinq heures du soir.

Le procès-verbal de la dernière séance est lu et adopté.

M. le président. — Messieurs et illustres confrères, j'ai convoqué en séance extraordinaire tous les membres de la noble et insigne Académie de Blaguefort pour leur faire part d'une magnifique trouvaille que j'ai faite. Vous ne tarderez pas à reconnaître que votre président ne vous a pas dérangés pour vous conter des balivernes, mais bien pour un motif absolument grave et qui intéresse au plus haut degré notre histoire, j'oserais même dire nos gloires nationales. ( Mouvement d'attention ) .

Pas plus tard qu'hier soir je parcourais, tout en m'administrant une bonne tasse de thé, un intéressant recueil que vous connaissez tous ; je veux parler du *Bulletin de la Société archéologique de Touraine*. Tout-à-coup mes regards tombèrent sur une petite dissertation de deux pages à peine, une véritable perle..... dans son genre. Au bas de cette dissertation, dont le sujet était un objet d'art récemment découvert, brillait, comme un astre, la signature de l'auteur : LÉON PALUSTRE.

M. Panurge. — Ah ! un archéologue ?

M. le président. — Oui, mais d'une catégorie spéciale.

M. Panurge. — Je comprends : de même qu'il y a fagots et fagots, il y a archéologues et archéologues. La chose toutefois mérite d'être expliquée. Si cela n'est pas de nature à porter le trouble dans le beau discours que nous entendons je prierais mon bon et vieil ami d'ouvrir ici une parenthèse et de nous dire ce qu'il entend par « catégorie spéciale. »

M. le président. — Je n'ai rien à refuser à mon ami Panurge. J'ouvre donc avec plaisir la parenthèse demandée. M. Léon Palustre, ancien président de la Société française d'archéologie et actuellement président de la Société archéologique de Touraine, est l'heureux inventeur d'une espèce d'archéologie que l'on peut appeler « l'archéologie comique. » Avec lui on est sûr de se désopiler la rate. De la science des Caumont, des Cochet, Bourassé et autres célébrités, il fait grand cas sans doute, mais il a trouvé que ces véritables savants étaient vraiment trop bons de s'abîmer le tempérament en se plongeant dans de profondes études alors qu'il existait un moyen bien simple de faire de l'archéologie sans se fatiguer l'esprit. Son nouveau système, que je vous recommande, ô mes amis, est à la portée de tous. Vous allez voir comme la manière de s'en servir est simple et dépouillée de tout artifice. Vous montrez, je suppose, à M. Léon Palustre, quelque fragment de vieux pot ou un tesson de bouteille recueillis parmi des décombres. Tout aussitôt, sans la moindre hésitation, il s'écrie : « Çà, c'est du XIe siècle. » Et il peut arriver que le pot et la bouteille aient été fabriqués sous le règne de Louis-Philippe. Sous ses yeux placez tous autres objets que vous voudrez : cuillères, fourchettes, casseroles, marmites, bassinoires, couteaux, ciseaux, fers à repasser, parapluies, boutons de culotte, etc ; soyez sûr qu'avec plus de rapidité que n'en mettait la sibylle de Panzoult à rendre ses oracles, il indiquera un siècle quelconque pour chacune de ces vieilleries. Point de cassement de tête, point d'efforts de cerveau, point de recherches éreintantes. Il n'a qu'à presser le ressort de son imagination et prompte comme l'éclair, une date quelconque arrive sur ses lèvres.

M. Panurge. — J'ai dans mon grenier un vieux clysopompe qui, s'il venait à sortir de sa cachette, ferait, sans aucun doute l'admiration des archéologues. Si je le montrais à M. Léon Palustre, peut-être m'apprendrait-il que ce vénérable instrument a appartenu au roi Hérode ou à l'empereur Charles-Quint, et que plus d'une fois il a eu l'insigne honneur de porter du soulagement dans les augustes entrailles de ces personnages.

M. le président. — Je n'en serais pas surpris et je ne saurais trop vous engager à le mettre sous ses yeux. Croyez-bien qu'il en fera aussitôt la photographie et qu'il rédigera un beau rapport dont il tirera beaucoup de gloire.

M. Epistemon. — Je vois qu'il n'est pas difficile de se payer à peu de frais la réputation d'un savant antiquaire. Connaissant maintenant la ficelle nous ne manquerons pas d'en user.

M. Bridoye. — Si mes souvenirs sont fidèles, M. Léon Palustre est ce grand connaisseur en beaux-arts qui, ayant aperçu certain tableau suspendu dans l'église de Huismes, en Touraine, déclara que c'était une œuvre du quinzième siècle.

M. le président. — C'est exact.

M. Bridoye. — N'a-t-on pas eu plus tard la preuve certaine que le dit tableau était, non pas du quinzième, mais du dix-neuvième siècle.

M. le président. — Vous dites la pure vérité.

M. Panurge, d'un ton bourru. — Cela prouve que sa prétendue archéologie n'est qu'une mauvaise farce à jet continu.

M. le président. — Ami Parnurge, je m'aperçois que la moutarde commence à vous monter au nez. Calmez-vous et laissez-moi vous dire que, étant donné le plaisant système, le système enfantin de M. Léon Palustre, il faudrait être tout-à-fait mauvais coucheur pour lui chercher chicane à propos d'un écart de trois ou quatres siècles..., un rien, une misère.....

M. Bridoye. — C'est aussi, sans doute, avec cet admirable système, qu'il a formulé des appréciations absolument grotesques sur un certain nombre d'églises, notamment sur celles de Preuilly et de Bourgueil.

M. le président. — Que voulez-vous, cher confrère, ce n'est pas sa faute s'il commet des bourdes grosses comme des montagnes, c'est la faute de son système. Vous lui mettez sous le nez une vieille loque, un monument ou un objet d'art et vous le sommez à brûle-pourpoint, de vous indiquer leur origine. Vous comprenez qu'un archéologue qui tient à sa dignité ne peut rester, devant vous, muet et bouche béante. Oracle de la science (c'est son état, bien que non patenté ) . il est obligé de répondre. Il répond et vous donne une solution quelconque. S'il se trompe d'une demi-douzaine de siècles, ou même d'une douzaine, vous auriez vra'ment tort de lui en vouloir, puisqu'en somme il a fait tout ses efforts pour vous être agréable et pour passer à vos yeux pour un homme qui connait supérieurement ses beaux-arts et son archéologie.

M. Panurge. — Notre illustre président ne pense-t-il pas qu'il serait temps de fermer la parenthèse et de revenir à nos moutons, c'est-à-dire à ..

M. le président. — ...... C'est-à-dire à l'objet d'art dont la découverte a mis le comble à la gloire de M. Léon Palustre. Voilà ce que vous voulez dire, ami Panurge ?

M. Panurge. — Absolument.

M. le président. — Je ferme donc la parenthèse, et sans plus tarder j'aborde l'objet d'art. Cet objet fut trouvé à Tours, rue de Jérusalem, en creusant une tranchée pour pour y établir les fondations d'une maison. J'ai eu le bonheur de pouvoir me procurer des photo-lithographies représentant le précieux bibelot. On va vous les distribuer, ainsi que le rapport de M. Léon Palustre.

( L'huissier de l'Académie distribue les dessins et le rapport. )

M. le président. — Admirez, Messieurs et illustres confrères, les beautés de cet amour de peigne....

M. Panurge. — Un peigne !. En vérité c'est le portrait d'un vieux et sale peigne. Quelle horreur !... Vite, passez-moi une cuvette ; ça me produit l'effet d'un vomitif.

L'assemblée entière rit en se tenant les côtes.

M. Lantimèche. — Et il y a des gens qui collectionnent ça ? Ils ne sont pas dégoûtés.

M. le président. — Soyez calmes, Messieurs, je vous en

prie et surtout ne riez pas, car ce peigne soulève un gros problème archéologique. A en juger par l'absence d'un grand nombre de ses dents, cet instrument, qui commande l'admiration et le respect, doit avoir de beaux et longs états de service. Il a peut-être passé par les mains de quarante-six générations et a largement contribué à leur bien-être en détruisant des milliers de petites bêtes regardées avec raison comme incommodes et malfaisantes ; c'est ce qui en fait le charme et le haut prix. Ici se pose la question archéologique. A qui le peigne ? A quelle époque remonte-t-il ? Aurait-il par exemple fonctionné dans la tête des Celtes, des Ostrogoths ou des Visigoths ?

Un seul homme était capable de résoudre ce grand problème. C'était M. Léon Palustre. Employant le beau système que vous connaissez, il déclara *illico* que ce peigne était mérovingien.

M. Panurge. — Un peigne mérovingien ! Ah ! là bonne charge ! Mais si on voulait se donner la peine de chercher dans les fumiers on y trouverait des centaines d'ordures de cette espèce.

M. le président. — Chers confrères, je vous engage après avoir contemplé, suivant ses mérites, le portrait du peigne, à lire le rapport de M. Léon Palustre. Goûtez, en vrais gourmets, ce délicieux rapport, accommodé à la sauce mérovingienne, et où les épices sont représentées par de bonnes blagues archéologiques, dont ce grand savant a le secret. Si vous ne vous en léchiez pas les doigts et le pouce c'est que vous ne seriez pas dignes de faire partie de notre noble et insigne Académie. Appréciez surtout le passage, si remarquable, où M. Léon Palustre nous apprend que les Francs « se distinguaient par leur longue barbe et leurs longs cheveux, qu'ils ne se séparaient guère de leur peigne durant leur existence et que la place du dit peigne était indiquée dans chaque tombeau à côté des armes de guerre. »

M. Panurge. — Voilà ce que l'on peut appeler de la haute fantaisie.

M. le président. — C'est mon sentiment, et je serais curieux de savoir où il a cueilli ces burlesques particularités.

M. Lantimèche. — Dans les contes de Perrault.

M. le président. — Je serais porté à le croire. Voyez-vous d'ici ces braves guerriers ayant sans cesse en main leur instrument de toilette, même au combat, même dans leur sommeil et sans doute aussi à table, où ils se donnaient un coup de peigne entre la poire et le fromage. Cette plaisanterie de M. Palustre est complétement réussie. Et celle du tombeau ? n'est-elle pas charmante ! A qui donc espère-t-il faire croire que nos ancêtres étaient dépourvous de tact, voire même imbéciles jusqu'au point de mettre dans une tombe, sur le même plan que les armes d'un vaillant guerrier un peigne usé, une véritable ordure. Étant en si beau chemin, pourquoi n'aurait-il pas ajouté que l'on mettait également près du corps, d'autres meubles intimes, tels qu'une table de nuit ou une chaise percée !...

M. Panurge. — C'est tout simplement grotesque.

M. Lantimèche. — Je demande la parole.

M. le président. — Est-ce pour couronner de fleurs M. Léon Palustre ?

M. Lantimèche. — Pas précisement. Je veux faire une modeste observation qui, selon ma petite jugeotte, expliquera clairement l'origine du prétendu peigne mérovingien.

M. le président. — Parlez, cher confrère.

M. Lantimèche. — Il y a une quarantaine d'années j'habitais la ville de Tours, et justement dans la rue de Jérusalem, où le fameux peigne a été trouvé. Dans cette même rue logeait un bonhomme que l'on appelait le père Rigolo. Au-dessus de sa porte se balançait une enseigne représentant, tant bien que mal, un caniche. Puis au-dessous du chien on lisait ces mots : *Issi on ton les chien et on fet leur toualet pour troua sou.* Le père Rigolo avait une belle clientelle, composée en bonne partie de portiers et de portières. Le dimanche matin surtout on faisait queue devant la boutique. Vous comprenez sans peine que pendant un exercice de plus de trente années cet artiste a usé une énorme quantité de peignes. Que faisait-il de ces instruments lorsqu'un long usage les avait mis hors de service ? Il les jetait soit dans sa cour, soit sur son fumier, soit dans la rue. Donc, si on voulait faire des recherches dans la dite rue ou dans l'ancienne propriété du père Rigolo, on y découvrirait sans aucun doute une foule de vieux peignes, frères de l'objet d'art autour duquel on fait un si grand vacarme de science et tout aussi mérovingiens que lui. La conclusion de ce que je viens de dire est facile à tirer....

M. Panurge. — Pas n'est besoin, cher confrère, de la tirer, elle se tire toute seule. C'est clair comme de l'eau de roche. Je demande la clôture de la discussion. ( Assentiment général ) .

M. le président. — La discussion est close. Messieurs et chers confrères, je vais vous donner lecture d'un projet de délibération que je viens de rédiger. Je souhaite que vous lui fassiez l'honneur de l'adopter :

« La noble et insigne Académie de Blaguefort, réunie en séance extraordinaire ;

« Considérant qu'un vieux peigne, aux trois quarts démantibulé et édenté, a été trouvé, à Tours, rue de Jérusalem, et respectueusement recueilli par un groupe de zélés savants qui, après l'avoir nettoyé et désinfecté comme il convient à des personnes pénétrées du sentiment de la propreté, l'ont déposé à la place d'honneur dans un musée d'antiquités ;

« Considérant que l'histoire des peignes est encore à faire et que le curieux instrument dont il s'agit pourrait être, pour celui qui entreprendra ce travail, aussi délicat qu'intéressant, un très-précieux jalon ;

« Attendu que parmi tous les savants ou se croyant tels, M. Léon Palustre a été jugé le seul digne et capable de mettre en lumière l'origine mystérieuse du dit peigne ;

« Que d'ailleurs, les nombreux succès qu'il a obtenus dans sa carrière scientifique, notamment dans ses mirobolantes appréciations sur le tableau de Huismes et sur les églises de Preuilly et de Bourgueil, le désignaient naturellement pour cet important office ;

« Considérant qu'il a déclaré et affirmé, sans hésiter, que le peigne en question était un peigne mérovingien ; mais que ses déclaration et affirmation sont formellement contredites et mises à néant par notre savant confrère, M. Lantimèche, à qui revient seul l'honneur d'avoir ainsi découvert le pot aux roses ;

« Attendu que des révélations de M. Lantimèche il résulte que le peigne prétendu mérovingien est tout simplement un peigne du dix-neuvième siècle, et, de plus, un peigne à chien, dont le père Rigolo a fait usage pour peigner ou tondre les chiens dont la toilette était confiée à son talent ;

« Que de ceci on doit conclure que M. Léon Palustre,

suivant une fâcheuse habitude, s'est mis une fois de plus le doigt dans l'œil ;

« Mais, considérant que, tout en contant des bourdes, il a manifesté les meilleures intentions du monde ; qu'ainsi, il a fait aux braves gens vivant à l'époque mérovingienne une très-jolie gracieuseté, en voulant bien admettre qu'ils ne négligeaient pas trop leur personne et que, pour se peigner, ils ne se contentaient pas d'un simple clou ou d'une arrête de poisson ;

« Que cette gracieuseté, qui est d'un bon cœur, mérite de chaleureuses félicitations ;

« Considérant enfin que M. Léon Palustre, en pratiquant l'archéologie comme on vient de le voir, en fait une science à la portée de tous, même de l'enfance, qui pourra ainsi, en s'amusant à jongler avec les dates, se payer quelques moments de douce distraction et d'innocente gaieté ;

« Que de ce chef, M. Léon Palustre a mérité une belle récompense et un témoignage sérieux d'encouragement ;

« Décide :

« Article premier. — L'insigne et noble Académie de Blaguefort fonde et constitue par les présentes un ordre de chevalerie qui sera appelé l'*Ordre du peigne mérovingien*.

« Article 2. — Le dit Ordre est créé uniquement pour la circonstance et pour M. Léon Palustre qui, seul, pourra en être membre et se qualifier de chevalier du Peigne mérovingien.

« Article 3. — La décoration consistera en un peigne, en os, d'aspect repoussant et fidèlement copié par un habile artiste sur la vieille loque de peigne trouvée rue de Jérusalem.

Article 4. — La dite décoration se portera plantée

dans les cheveux, au-dessus du front, pour bien marquer le rôle considérable que le toupet joue dans l'archéologie, telle que M. Léon Palustre la pratique avec la plus admirable des désinvoltures.

« Fait et clos à Blaguefort les jour, mois et an que dessus. »

A l'unanimité, l'assemblée approuve et adopte ce projet de délibération.

Ont signé : Jean des Entommeures, président ; Bridoye, vice-président ; Panurge, Lantimèche, Epistemon, Carpalim, Eusthènes, Gymnaste, Ponocrates, de Bascher, Oudart, Xenomanes, membres.

Pour copie conforme :

J. DE CHATEAU-CHALONS.

Montsoreau, imp. Carré de Busserolle.

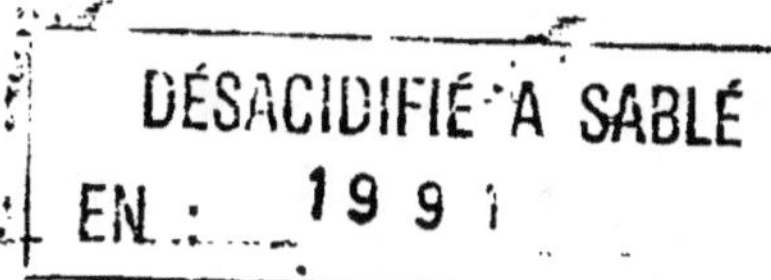